Feuerwehr Kochbuch

Blitzschnell auf den Tisch

XX-L112

G. Poggenpohl

Feuerwehr Kochbuch

Blitzschnell auf den Tisch

EDITION XXL

VORWORT

Unsere Gesellschaft zwingt immer mehr Menschen, ihre Arbeitszeiten weiter auszudehnen, viel Zeit geht aber auch durch lange Wege von und zu den Arbeitsstätten verloren. Da bleibt wenig Zeit zum Kochen für die Familie oder für sich selbst. Weil Essen aber zu den elementarsten Grundbedürfnissen gehört, ist es sehr wichtig, hier einen Kompromiss zwischen gesunder Nahrung und schneller Küche zu finden.

Die Industrie bietet uns zwar viele Fertigprodukte an, aber diese haben meistens einen Einheitsgeschmack; ich denke, das kann nur für Notfälle eine Lösung sein.

In diesem Kochbuch habe ich die verschiedensten Rezepte zusammengestellt und ich bin auf viele Situationen eingegangen. So finden Sie z. B. Rezepte für einen Wochenplan, Schnelle Küche für Kinder, Schnelle Küche für unerwartete Gäste und Rezepte, die in Rubriken von 15, 20 und 30 Minuten Zubereitungszeit gegliedert sind.

*Die jeweiligen Rezepte sind einfach gehalten und mit Angabe der dafür benötigten Zeit. Wenn nicht anders angegeben, sind die Rezepte für vier Personen angelegt.
Die Koch- und Zubereitungszeiten sind so bemessen, dass eine geübte Köchin bzw. ein Koch sie leicht einhalten kann.*

Ich wünsche Ihnen mit diesem Buch, dass Sie etwas weniger Stress und immer ein gesundes, schmackhaftes Essen auf dem Tisch haben.

Ihr G. Poggenpohl

INHALT

Ratgeber 10

Schnell durch die Woche 12

Schnelle Küche für Kinder 22

Schnelle Küche für unerwartete Gäste 28

Die 15-Minuten-Küche 34

Die 20-Minuten-Küche 42

Die 30-Minuten-Küche 70

Register 84

Schnelles Kochen beginnt mit einem gezielten Einkauf und einer guten Organisation während der Zubereitung.
Auch können gute Geräte wie Messer, kleine Küchenmaschinen, Handmixer und Pürierstab die Zeit bei der Zubereitung der Speisen erheblich verringern.

Wie schnell Sie Ihr Essen fertig gekocht haben, ist auch abhängig von Ihrer Arbeitsweise.
Beginnen Sie mit den Dingen, die dann nicht mehr weiterbearbeitet werden müssen. Zuerst das Wasser für die Nudeln oder Kartoffeln usw. aufstellen, einen Deckel auf den Topf, bis das Wasser kocht, dann das Kochgut zugeben, salzen, umrühren und auf kleiner Hitze gar kochen. In der Zwischenzeit können Sie dann z. B. das Gemüse putzen, waschen und kochen, Fleisch abbraten usw. Je effektiver Sie arbeiten, desto schneller sind Sie fertig.
Also, zuerst überlegen – dann handeln.

Der Einkauf.
Wenn man, aus welchen Gründen auch immer, wenig Zeit mit der Essenszubereitung verbringen will, sind ein gezielter Einkauf und eine durchdachte Vorratshaltung unbedingt nötig, auch im Hinblick auf unerwartete Gäste. Viele Dinge lassen sich über einen längeren Zeitraum lagern bzw. einfrieren. Sie sollten unbedingt tiefgefrorenes Gemüse in den unterschiedlichsten Zusammensetzungen zu Hause haben, aus denen sich immer wieder schmackhafte Speisen zubereiten lassen. Auch frisch eingekauftes Fleisch lässt sich hervorragend portionieren und einfrieren.

Hier eine kleine Vorratsliste,
die ich Ihnen empfehlen würde: passierte Tomaten, Nudeln, Reis, Graupen, Zartweizen, Kartoffeln, Hülsenfrüchte aus der Dose, wie z. B. Kidneybohnen, weiße Bohnen, Linsen. Bei den Kartoffeln sollten Sie beachten, dass Sie kleine bzw. mittelgroße Kartoffeln verwenden, da diese schneller gar werden.

Ob Sie Pell- oder Salzkartoffeln kochen, hängt davon ab, ob Sie die Kartoffeln lieber vorher schälen oder nachher abpellen.

Milchprodukte sollte man auch in verschiedenster Form in seinem Vorrat haben. Achten Sie beim Einkauf darauf, dass sie noch eine lange Haltbarkeit besitzen (stehen meistens hinten im Regal). Hier einige Produkte, die aber je nach Geschmack variieren können. Crème fraîche, saure Sahne, süße Sahne, Eier, verschiedene Käsesorten, gerieben oder am Stück. Käse lässt sich auch gut einfrieren.

In Ihren Gefrierschrank gehören Erbsen, Karotten, verschiedene Bohnen, aber auch Misch- und Pfannengemüse. Ich würde keine Halbfertigprodukte wie z. B. Rahmspinat oder Rahmgemüse einkaufen, denn die beigefügte Soße können Sie leicht selber mit etwas Crème fraîche und ein paar Kräutern herstellen. Geräucherter Lachs (für eine Soße) und geräucherter Bratenaufschnitt lässt sich gut einfrieren und steht sehr schnell zur Verfügung, da die aufgeschnittenen Scheiben leicht auftauen.

Kräuter gehören auf jede Fensterbank, sie sehen schön aus und heben geschmacklich jedes Gericht. Für frische Kräuter gilt, sie erst kurz vor dem Servieren unter das Essen zu rühren.

Der Wochenplan.
Stellen Sie einen Speiseplan für die Woche auf. Kaufen Sie am Freitag oder Samstag die meisten Lebensmittel dafür ein. Nur sehr leicht verderbliche Lebensmittel – Salate, Fisch oder Frischfleisch – kaufen Sie besser erst dann, wenn Sie sie benötigen.

Montag

Zutaten:

8 Bratwürste
2 EL Öl
700 g Rosenkohl
150 ml Wasser
2 EL Butter
2 EL Mehl
Salz
Pfeffer

Zubereitung:

1. Den Rosenkohl putzen, das heißt, den Stiel unten etwas abschneiden und die äußeren Blätter entfernen. Den Rosenkohl mit dem Wasser in einen Topf geben und ca. acht Minuten dünsten. Die Butter in einem Topf schmelzen, das Mehl einrühren und mit dem Rosenkohlkochwasser aufgießen. Die Soße über den Rosenkohl geben und mit Salz und Pfeffer abschmecken.

2. In der Zwischenzeit die Würste mit einem scharfen Messer einschneiden. Das Öl in einer Pfanne erhitzen und die Würste darin braten. Den Rosenkohl mit den Würsten servieren.

Dazu schmecken Kartoffeln, nehmen Sie mittelgroße, die sind in ca. 15 Minuten gar. Wenn es schneller gehen soll, können Sie auch Brot dazu servieren.

Sie sollten für die Herstellung einer Gemüsesoße immer das vorhandene Kochwasser verwenden. Da viele Vitamine im Gemüse wasserlöslich sind, werden sie während des Garens an das Kochwasser abgegeben.

Anstelle des Rosenkohls können Sie auch anderes Gemüse verwenden, z. B. Blumenkohl, Kohlrabi, Mangold und so weiter. Bei der Zubereitung verfahren Sie wie oben beschrieben.

Bratwurst auf Rosenkohl

Dienstag

Zutaten:

750 g Kloßteig halb und halb
3 EL Speisestärke
2 Eier
Mehl zum Ausrollen
3 EL Butter
Muskat
Salz
Pfeffer

Zubereitung:

1. Den Kloßteig in eine Schüssel geben, mit der Speisestärke und den Eiern vermischen und zu einem geschmeidigen Teig verkneten. Mit Muskat, Salz und Pfeffer würzen.

2. Den Teig auf einer bemehlten Arbeitsfläche ca. 5 mm dick ausrollen und ca. 10 cm große Rechtecke daraus schneiden.

3. Die Butter in einer Pfanne erhitzen und die Kartoffelteigrechtecke darin goldgelb braten.

Zu den Kartoffelecken schmecken verschiedene Arten von Kompott, wie z. B. Apfelkompott, Pflaumenmus, aber auch eingelegte Früchte wie Pfirsiche oder Aprikosen.

Wenn Sie etwas mehr Zeit aufwenden wollen, können Sie den Kartoffelteig natürlich selber herstellen. Sie benötigen dann 750 g geschälte Kartoffeln, die Hälfte kochen Sie gar und drücken diese dann durch eine Kartoffelpresse. Die andere Hälfte reiben Sie auf einer mittelgroben Gemüsereibe zu den gekochten Kartoffeln. Dann verfahren Sie weiter, wie oben beschrieben. Der Zeitaufwand beträgt ca. 25 Minuten.

Kartoffelecken mit Kompott

Mittwoch

Zutaten:

4 Schweinesteaks
1 EL Öl
400 g Kohlrabi
2 EL Butter
100 ml Brühe
250 ml süße Sahne
1 TL Speisestärke
1 Zitrone
1/2 Bund Schnittlauch
Muskat
Salz
Pfeffer

Zubereitung:

1. Die Kohlrabi schälen und in 1 cm große Würfel schneiden. Den Schnittlauch abbrausen und in Röllchen schneiden.

2. Die Butter in einem Topf schmelzen, die Kohlrabiwürfel zugeben, etwas schmoren, mit der Brühe aufgießen und ca. 10 Minuten bei geschlossenem Deckel dünsten.

3. Die Speisestärke in die Sahne einrühren, mit dem Schnittlauch zu dem Kohlrabigemüse geben und mit Zitronensaft, Muskat, Salz und Pfeffer abschmecken.

4. Das Öl in einer Pfanne erhitzen, die Steaks mit Salz und Pfeffer würzen und auf beiden Seiten ca. zwei Minuten braten.

5. Die Steaks auf dem Kohlrabigemüse servieren.

Wenn Sie für dieses Gericht ein anderes Fleisch verwenden, wie z. B. Hähnchenfilets oder Putensteaks, dann breiten Sie das Fleisch aus, legen Frischhaltefolie darüber und klopfen mit einer schweren Pfanne das Fleisch dünn aus. Je dünner das Fleisch ist, desto schneller ist es gar.

Minutensteaks auf Kohlrabigemüse

Donnerstag

Zutaten:

500 g mittelgroße Kartoffeln
800 g Karotten
1 Zwiebel
2 EL Butter
200 g durchwachsener Speck
250 ml Hühnerbrühe
1 Bund Petersilie
2 Orangen
200 g saure Sahne
Salz
Pfeffer

Zubereitung:

1. Die Kartoffeln waschen und ca. 20 Minuten gar kochen.

2. Den Speck fein würfeln. Die Zwiebel abziehen und fein hacken. Die Karotten schälen und in dünne Scheiben schneiden. Die Petersilie abbrausen, ausschütteln, die Blätter von den Stielen zupfen und hacken. Die Orangen schälen und filetieren.

3. Die Butter in einem Topf schmelzen. Die Zwiebel und den Speck darin anbraten. Die Karotten zu dem Speck geben und mit der Brühe aufgießen, bei geschlossenem Deckel ca. 10 Minuten garen.

4. Die Sahne, die Orangenspalten und die Petersilie unter die Karotten rühren und mit Salz und Pfeffer abschmecken.

5. Das Karottengemüse mit den Pellkartoffeln servieren.

Karotten gehören zu den ältesten Gemüsesorten und werden seit der Jungsteinzeit in Mitteleuropa angebaut. Karotten gelten als besonders gesundes Gemüse.

Der Gehalt an Betacarotin, einer Vorstufe des lebensnotwendigen Vitamin A, ist bei Karotten besonders hoch. Außerdem enthalten sie Kohlenhydrate, Kalium, Calcium, Eisen, Vitamin K und Folsäure. 100 g Karotten enthalten 27 kcal/113 kJ. Karotten haben einen sehr hohen Pektingehalt. Pektine quellen im Verdauungstrakt schleimartig auf und schützen so die Magen- und Darmschleimhaut.

Fruchtiges Karottengemüse

Freitag

Zutaten:

1 Packung Mischgemüse (Tiefkühlkost)
2 Karotten
4 Kartoffeln
4 Seelachsfilets
2 Becher Crème fraîche
3 EL geriebener Käse (z. B. Emmentaler)
4 EL Öl
1 Ei
Muskat
Salz
Pfeffer

Zubereitung:

1. Die Kartoffeln und die Karotten schälen und grob raspeln.

2. Einen Becher Crème fraîche mit dem Ei und dem Käse vermischen und mit Salz und Pfeffer abschmecken.

3. Die geraspelten Kartoffeln ausdrücken, mit den Karotten vermischen, mit Muskat, Salz und Pfeffer würzen. Das Öl in einer Pfanne erhitzen und die Kartoffelmischung portionsweise darin ausbraten. Die Fischfilets ca. drei Minuten von jeder Seite braten, mit Salz und Pfeffer würzen.

4. Die Kartoffelpuffer in eine geeignete Auflaufform legen, die Fischfilets darauf setzen, die Käsemischung darüber geben und das Ganze im vorgeheizten Backofen bei ca. 200° C ca. 8–10 Minuten backen.

5. Das Mischgemüse im gefrorenen Zustand mit etwas Wasser in einen Topf geben und ca. fünf Minuten dünsten, gelegentlich umrühren. Einen Becher Crème fraîche unter das Gemüse rühren und mit Salz und Pfeffer abschmecken.

6. Den Fisch aus dem Backofen nehmen, mit dem Gemüse auf Tellern verteilen und servieren.

Fisch, vor allem Seefisch, ist sehr gesund und sollte mindestens einmal in der Woche gegessen werden. Frischer Fisch gehört zu den gesündesten Nahrungsmitteln. Sie leben in sauberen Lebensräumen, ernähren sich aus der Natur und haben genügend Bewegung.
Die deutsche Gesellschaft für Ernährung empfiehlt, wenigstens 2- bis 3-mal die Woche Fisch zu essen.

Überbackene Seelachsfilets auf Mischgemüse

Zutaten (Grundrezept):

4 Paar Wiener Würstchen
8 Baguette-Brötchen
3 Zwiebeln
2 EL Butter
verschiedene Grillsoßen

Zubereitung:

Wasser in einem Topf aufkochen, die Würstchen hineingeben und ca. 10 Minuten ziehen lassen. Die Zwiebeln abziehen, halbieren und in Streifen schneiden. Butter in einem Topf schmelzen und die Zwiebelstreifen so lange darin braten, bis sie schön braun sind. Die Brötchen der Länge nach aufschneiden, jeweils ein Würstchen hineinlegen, mit den Zwiebeln belegen und mit Grillsoße beträufeln.

Sauerkraut-Hotdog:
2 Zwiebeln wie oben zubereiten, 1 kleine Dose Sauerkraut dazugeben, etwas andünsten und mit 50 ml Brühe aufgießen. Ca. fünf Minuten garen lassen und mit Salz und Pfeffer würzen.

Bohnen-Hotdog:
2 Zwiebeln wie oben zubereiten, 1 kleine Dose Kidneybohnen abschütten und mit 1 EL Tomatenmark und 2 EL Ketschup in den Topf geben. Ca. drei Minuten garen, mit Paprikapulver, Salz und Pfeffer abschmecken.

Mais-Hotdog:
2 Lauchzwiebeln putzen und in feine Ringe schneiden. 2 Zwiebeln wie oben zubereiten und in eine Schüssel geben. Mit 3 EL Majonäse und 1 EL Currypulver verrühren, die Lauchzwiebeln und eine kleine Dose Mais dazugeben, mischen und mit Salz und Pfeffer würzen.

Tomaten
zum Dipp

Zutaten:

4 Paar Wiener Würstchen
4 mittlere Kartoffeln
2 Zwiebeln
2 Paprikaschoten
2 EL Öl
250 ml Fleischbrühe
3 EL Paprikapulver edelsüß
1 EL Tomatenmark
2 EL Essig
1 TL Majoran
Salz
Pfeffer

Zubereitung:

1. *Die Würstchen in Stücke schneiden. Die Zwiebeln abziehen und fein hacken. Die Paprikaschoten waschen, halbieren, das Kerngehäuse entfernen und das Fruchtfleisch in kleine Stücke schneiden. Die Kartoffeln schälen und in kleine Würfel schneiden.*

2. *Öl in einem Topf erhitzen, die Zwiebeln und die Kartoffeln darin anbraten. Das Tomatenmark zugeben und kurz anschwitzen, das Paprikapulver darüber streuen, mit Essig ablöschen, mit der Brühe aufgießen und ca. sieben Minuten kochen. Nach fünf Minuten die Paprikastücke, die Würstchen und den Majoran dazugeben. Das Wurstgulasch mit Salz und Pfeffer abschmecken.*

Dieses Gulasch wird von Kindern wirklich gerne gegessen. Versuchen Sie doch mal dieses Gericht mit klein geschnittener Fleischwurst oder mit herzhaften Debreczinern. Auch können Sie, wenn Sie etwas mehr Zeit haben, klein geschnittene Zucchini in dem Gulasch mitgaren.

WURSTGULASCH

Zutaten:

400 g Cornflakes
150 ml Milch
4 Eier
60 g Zucker
1 Prise Salz
2 EL Mehl
5 EL Butter
1 EL Puderzucker
200 g frische Früchte
(z. B. Weintrauben, Pflaumen, Äpfel)

Zubereitung:

1. Die Früchte waschen und in mundgerechte Stücke teilen. 1 EL Butter in einer Pfanne schmelzen, den Puderzucker einstreuen und so lange erhitzen, bis er leicht karamellisiert. Anschließend die Früchte dazugeben und glacieren.

2. Die Eier trennen, das Eiweiß mit dem Salz zu steifem Eischnee schlagen. Die Eigelbe mit dem Zucker schaumig rühren, das Mehl und die Milch darunter ziehen. Den Eischnee und die Cornflakes vorsichtig unterheben.

3. 4 EL Butter in einer großen Pfanne schmelzen und die Cornflakesmasse hineingeben. Sobald die Masse zu stocken beginnt, den Teig in grobe Stücke teilen und wenden. Von allen Seiten bei geringer Hitze goldbraun backen, anschließend in kleinere Stücke zerteilen.

4. Den Schmarren auf Tellern anrichten und mit den Früchten servieren.

Anstatt der Cornflakes können Sie auch Milchreis verwenden. Sie benötigen 120 g Rundkornreis und 300 ml Milch. Die Milch aufkochen, den Reis einrühren und ca. fünf Minuten unter Rühren kochen. Vom Herd nehmen und den Reis quellen lassen. Dann weiter, wie oben beschrieben.

Cornflakesschmarren mit frischen Früchten

Zutaten:

500 g Zwiebeln
2 Äpfel
2 EL Butter
750 ml Hühnerbrühe
250 ml Exportbier
300 g geriebener Emmentaler
1 Zweig Rosmarin
1 TL Rosenpaprika
Salz
Pfeffer

Zubereitung:

1. *Die Zwiebeln abziehen und in dünne Ringe schneiden. Die Äpfel unter warmem Wasser waschen und bis zum Kerngehäuse raspeln. Den Rosmarin waschen, die Nadeln von den Stielen zupfen.*

2. *Die Butter in einem Topf schmelzen, die Zwiebeln darin anbraten, die Äpfel zugeben und mit der Brühe und dem Bier aufgießen. Die Zwiebelsuppe ca. 10 Minuten kochen, mit Rosenpaprika, Salz und Pfeffer abschmecken.*

3. *Die Zwiebelsuppe auf Tellern verteilen, mit dem Käse bestreuen und mit den Rosmarinnadeln garnieren.*

Zu dieser Zwiebelsuppe schmeckt Kräuterbaguette hervorragend. 4 Baguettes mehrmals quer einschneiden, Butter mit klein gehackten Kräutern vermischen, in die Querschnitte geben und im Backofen ca. 10 Minuten backen.

Schnelle Küche für unerwartete Gäste

Zutaten:

2 Baguettebrötchen
1 Bund gemischte Kräuter
1 Knoblauchzehe
1 EL Butter
400 g Ziegenkäse
1 Zitrone
4 Äpfel
100 ml Apfelsaft
400 g verschiedene Salate, z. B. Eichblatt, Frisée, Rucola
1 EL Zucker
2 EL Olivenöl
4 EL Balsamicoessig
1 Zwiebel
Salz
Pfeffer

Zubereitung:

1. Die Baguettebrötchen in 2 cm große Würfel schneiden, den Knoblauch abziehen und fein hacken. Die Kräuter abbrausen, ausschütteln, die Blätter von den Stielen zupfen und fein hacken. Die Butter in einer Pfanne schmelzen. Die Brotwürfel mit dem Knoblauch und den Kräutern darin anrösten.

2. Den Salat putzen, waschen und größere Stücke zerteilen.

3. Die Äpfel unter heißem Wasser waschen, vierteln, das Kerngehäuse entfernen und das Fruchtfleisch in Spalten schneiden. Die Apfelspalten mit etwas Zitronensaft beträufeln, damit sie nicht braun werden.

4. Die Zwiebel abziehen und fein hacken.

5. Das Öl in einer Pfanne erhitzen und die Zwiebel darin anbraten. Den Zucker darüber streuen und so lange rühren, bis er geschmolzen ist. Die Apfelspalten in die Pfanne geben, ca. zwei Minuten von allen Seiten braten und mit dem Essig und dem Apfelsaft ablöschen. Die Salatsoße mit Salz und Pfeffer abschmecken.

6. Den Salat und die Brotwürfel auf Tellern verteilen, den Ziegenkäse grob würfeln, darauf setzen und die Apfelsalatsoße darüber geben.

Sie können den Geschmack der Soße dadurch variieren, dass Sie anstatt des Apfelsafts 4 cl Calvados oder 100 ml trockenen Weißwein verwenden.

Knackiger Salat mit Brot und Ziegenkäse

5 10 15 20 25 30 min

Schnelle Küche für unerwartete Gäste

Zutaten:

1 große Dose Kidneybohnen
250 g durchwachsener Speck
8 mittelgroße Kartoffeln
1 Stange Lauch
1 Zwiebel
4 Knoblauchzehen
500 ml Brühe
3 Stängel Bohnenkraut
Salz
Cayennepfeffer

Zubereitung:

1. Die Kidneybohnen abschütten. Den Speck in Würfel schneiden, die Zwiebel und den Knoblauch abziehen und fein hacken. Die Kartoffeln schälen und in 1 cm große Würfel zerteilen. Den Lauch längs halbieren, waschen und in Streifen schneiden.

2. Den Speck in einem Topf kross braten, die Zwiebel und den Knoblauch zugeben und andünsten. Die Kartoffeln mit der Brühe in den Topf geben und ca. acht Minuten kochen. Nach dieser Zeit die Bohnen, das Bohnenkraut und den Lauch unter die Kartoffeln rühren und weitere fünf Minuten garen. Die Suppe mit Cayennepfeffer und Salz abschmecken.

Anstatt der Kidneybohnen können Sie auch eine Dose weiße Bohnen oder Linsen verwenden. Dann sollten Sie den Eintopf mit etwas Essig sauer abschmecken.

Schneller Bohneneintopf

Zutaten:

12 Scheiben Toastbrot
200 g Tunfisch aus der Dose
100 g Erbsen
100 g Mais
2 Tomaten
100 g geriebener Emmentaler
Salz
Pfeffer

Zubereitung:

1. Die Tomaten waschen und in kleine Stücke schneiden. Den Tunfisch abtropfen lassen.

2. Die Erbsen mit dem Mais, den Tomatenstücken, dem Tunfisch und dem Käse vermischen und mit Salz und Pfeffer abschmecken.

3. Die Mischung auf die Toastbrotscheiben verteilen, diese auf ein mit Backpapier belegtes Blech geben und im vorgeheizten Ofen bei 180° C ca. 10 Minuten backen.

Die Füllung lässt sich leicht variieren, probieren Sie doch mal Bratenreste, Salami oder andere Wurstsorten. Anstatt des Toastbrotes können Sie auch aufgeschnittene Baguettebrötchen verwenden.

Überbackener Fischtoast

Zutaten:

1 Radicchio
1 EL Olivenöl
2 EL Zucker
2 EL Pinienkerne
200 g Weintrauben
1 Dose weiße Bohnen
1 Dose Kidneybohnen
1 Dose Mais
3 EL Olivenöl
3 EL Weißweinessig
Zucker
Salz
Pfeffer

Zubereitung:

1. Die Weintrauben waschen und halbieren. Die Bohnen und den Mais abschütten und in eine Schüssel geben. Den Radicchio putzen und die einzelnen Blätter vorsichtig lösen.

2. Aus 1 EL Olivenöl, Essig, Zucker, Pfeffer und Salz eine Salatsoße herstellen und mit den Bohnen, dem Mais, den Weintrauben und den Pinienkernen vermischen.

3. 3 EL Öl in einer Pfanne erhitzen, 2 EL Zucker einrühren, bis er geschmolzen ist. Die Radicchioblätter in die Pfanne geben und ca. zwei Minuten braten.

4. Die Radicchioblätter auf Tellern anrichten, den Bohnensalat auf dem noch warmen Radicchio verteilen und servieren.

Zu diesem Gericht schmeckt als Beilage Knoblauchbrot. 3 Knoblauchzehen abziehen, mit einem breiten Messer zerdrücken und fein hacken. Die Knoblauchzehen mit etwas Salz unter 100 g Butter mischen und frisches Weißbrot damit bestreichen.

Salat auf geschmortem Radicchio

Zutaten:

500 g Birnen
2 EL Butter
400 ml süße Sahne
250 g Gorgonzola
1 Baguette
100 ml Weißwein
1 Schale Kresse
Salz
Pfeffer

Zubereitung:

1. Die Birnen schälen, halbieren, das Kerngehäuse entfernen und das Fruchtfleisch in mundgerechte Stücke schneiden.

2. Die Butter in einem Topf schmelzen, die Birnen hineingeben, anbraten, mit der Hälfte der Sahne aufgießen und ca. fünf Minuten gar dünsten. Die restliche Sahne zugeben, aufkochen, den Gorgonzola in Stücke reißen, in die Sahne geben und schmelzen. Die Soße mit Salz und Pfeffer abschmecken.

3. Das Baguette in 1 cm dicke Scheiben schneiden, den Boden von vier Schüsseln damit auslegen. Den Weißwein über die Brotscheiben träufeln, die Soße mit den Birnen darauf verteilen, mit Kresse bestreuen und servieren.

Wenn es besonders schnell gehen soll, können Sie auch Birnen aus der Dose verwenden. Versuchen Sie aber auch einmal anderes Obst, wie z. B. Äpfel, Ananas oder Mango.

GORGONZOLA-BIRNEN

Zutaten:

1 kg Mischpilze
1 Zwiebel
100 g geräucherter Speck
125 ml Fleischbrühe
250 ml süße Sahne
1/2 Bund Petersilie
2 EL Butter
Salz
Pfeffer

Zubereitung:

1. Die Pilze putzen und die Stielenden abschneiden. Die Pilze in mundgerechte Stücke zerteilen. Die Zwiebel abziehen und fein hacken, den durchwachsenen Speck in feine Würfel schneiden. Die Petersilie abbrausen, trockenschütteln und fein hacken.

2. Die Butter in einem Topf schmelzen, die Zwiebel und den Speck darin anbraten. Die Pilze zugeben, etwas mitschmoren und mit der Brühe und der Sahne aufgießen, einmal aufkochen und das Ragout ca. drei Minuten ziehen lassen. Die Petersilie einrühren, das Ragout mit Salz und Pfeffer abschmecken.

Zu diesem Gericht schmecken Klöße, Brot oder Nudeln.

Mischpilze bekommt man heute auch schon tiefgefroren, das erspart das Putzen. Die tiefgefrorenen Pilze unaufgetaut in den Topf geben und verarbeiten, wie oben beschrieben.

PILZRAGOUT

Zutaten:

500 g Nudeln
500 g Tunfisch
1 Glas Schwarzwurzeln
250 ml süße Sahne
1/2 Bund Thymian
50 g Parmesankäse
1 EL Olivenöl
2 Knoblauchzehen
Salz
Pfeffer

Zubereitung:

1. Die Nudeln in reichlich Salzwasser bissfest kochen.

2. Während die Nudeln kochen, bereiten Sie die Soße vor. Den Tunfisch in Würfel schneiden. Die Schwarzwurzeln abgießen. Den Thymian abbrausen, ausschütteln und die Blätter von den Stielen zupfen. Den Knoblauch abziehen und fein hacken.

3. Das Olivenöl in einer Pfanne leicht erhitzen. Den Knoblauch darin andünsten. Den Tunfisch, die Schwarzwurzeln und den Thymian zugeben und mit der Sahne aufgießen. Wenn die Soße erhitzt ist, mit Salz und Pfeffer abschmecken.

4. Die Nudeln abgießen, zusammen mit der Soße auf Tellern anrichten und den Parmesankäse darüber hobeln.

Dieses Gericht können Sie auch mit anderem Gemüse wie z. B. Spargel, Champignons oder Tomaten variieren.

TUNFISCH-SCHWARZWURZELRAGOUT

Zutaten:

8 Weizenteigfladen
300 g Mischgemüse (Tiefkühlkost)
450 g Spinat (Tiefkühlkost)
100 g Hüttenkäse
100 g Ricotta
4 Scheiben geräucherte Putenbrust
1 Bund gemischte Kräuter
50 g gehackte Walnüsse
2 EL Butter
1 Zitrone
Salz
Pfeffer
Muskat

Zubereitung:

1. Butter in zwei Töpfen schmelzen und, jeweils getrennt, den Spinat und das Gemüse darin gar dünsten und etwas abkühlen lassen.

2. Die Kräuter abbrausen, ausschütteln, die Blätter von den Stielen zupfen und fein hacken.

3. Den Ricottakäse in eine Schüssel geben, mit dem Gemüse vermischen. Die Kräuter und die Walnüsse in die Gemüsemischung einrühren, mit Salz, Pfeffer und Zitronensaft abschmecken.

4. Den Hüttenkäse mit dem Spinat vermischen, mit Salz, Pfeffer und Muskat würzen. Die Putenbrustscheiben in Streifen schneiden und mit der Spinat-Käsemischung vermengen.

5. Die Teigfladen auf einem Backblech auslegen und ca. fünf Minuten bei 180° C backen. Herausnehmen, mit dem Gemüse oder dem Spinat füllen, zusammenrollen, halbieren und servieren.

Wraps sind gerollte Sandwiches. Sie werden aus Pitabrot, Pfannkuchen, meist aber aus Tortillafladen hergestellt. Diese werden verschiedenartig belegt und um die Füllung gewickelt. Wraps kann man heiß oder kalt essen. In etwas Alufolie eingeschlagen eignen sich die kalten Wraps prima als Snack für unterwegs, als Pausenbrot oder Mittagessen am Schreibtisch.

Wraps mit verschiedenen Füllungen

Zutaten:

1 kg Suppengemüse (Tiefkühlkost)
2 Zucchini
1 Gemüsezwiebel
2 Knoblauchzehen
2 EL Olivenöl
1 Zweig Rosmarin
1 EL getrockneter Majoran
einige Spritzer Worcestersoße
1 1/2 l Gemüsebrühe
500 g pürierte Tomaten
1 Bund Petersilie
150 g Nudeln
1 TL Rosenpaprika
Essig
Salz
Pfeffer

Zubereitung:

1. *Die Zucchini waschen und in Würfel schneiden. Die Zwiebel und den Knoblauch abziehen und klein hacken. Die Petersilie waschen, trockenschütteln, die Blätter von den Stielen zupfen und klein schneiden.*

2. *In einem großen Suppentopf das Olivenöl erhitzen und die Zwiebel und den Knoblauch darin anbraten. Das Gemüse zugeben und andünsten. Anschließend mit der Gemüsebrühe aufgießen und mit Salz, Pfeffer, Paprikapulver und Worcestersoße würzen. Den Rosmarinzweig und den Majoran in die Suppe geben und zugedeckt ca. fünf Minuten köcheln.*

3. *Nach dieser Zeit die Nudeln und die Zucchiniwürfel in die Suppe geben und so lange köcheln, bis die Nudeln gar sind.*

4. *Die pürierten Tomaten und die Petersilie in die Suppe rühren, mit Essig, Salz und Pfeffer abschmecken.*

Diese Gemüsesuppe können Sie abwandeln, indem Sie grätenfreie Fischstücke in die Suppe geben und ca. drei Minuten ziehen lassen. Gut schmeckt die Suppe auch mit sehr fein geschnittenen Hähnchenfilets. Das Fleisch in die köchelnde Suppe legen und drei Minuten ziehen lassen.

Zutaten:

700 g Zucchini
2 Eier
3 EL Mehl
1 Knoblauchzehe
100 g geriebener Emmentaler
400 g Frischkäse
100 ml süße Sahne
200 g Räucherlachs
200 g kalter Braten
1 Bund Dill
Salz
Pfeffer

Zubereitung:

1. Die Zucchini waschen und raspeln. Die geraspelten Zucchini in ein Küchentuch geben und die Feuchtigkeit auspressen.

2. Die Knoblauchzehe abziehen und fein hacken. Den Dill abbrausen und grob hacken.

3. Die Eier und das Mehl zu einem glatten Teig verrühren, die Zucchini und den Emmentaler hinzufügen, vermischen und mit Salz und Pfeffer abschmecken.

4. Den Frischkäse in eine Schüssel geben, mit der Sahne, dem Knoblauch und dem gehackten Dill vermischen, mit Salz und Pfeffer abschmecken.

5. Eine beschichtete Pfanne erhitzen, jeweils 1 EL der Zucchinimasse hineingeben und flach drücken (die Puffer sollten ca. 8 cm Durchmesser haben), ca. fünf Minuten braten, bis sich eine Kruste gebildet hat. Die Zucchinipuffer wenden und nochmals vier Minuten braten.

6. Aus Zucchinipuffern, Frischkäse, Lachs oder Braten die Zucchiniburger herstellen.

Die Zucchiniburger schmecken aber auch vegetarisch mit Käsescheiben oder Ei. Versuchen Sie auch mal die Zucchini durch Kartoffeln zu ersetzen. Kartoffelburger schmecken nach dem obigen Rezept ebenfalls hervorragend.

Zutaten:

8 Lammkoteletts
600 g Kartoffeln
4 Knoblauchzehen
400 ml Milch
1 EL Tomatenmark
1/2 Bund gemischte Kräuter
1 Dose Tomatenstücke
3 EL Olivenöl
Zucker
Salz
Pfeffer
Muskat

Zubereitung:

1. Die Kartoffeln schälen und in 1 cm dicke Würfel schneiden. Die Knoblauchzehen abziehen und grob hacken. Die Kartoffeln und die Knoblauchzehen in der Milch ca. acht Minuten gar kochen, gelegentlich umrühren (brennt leicht an).

2. Mit einem Rührgerät oder Schneebesen einen groben Kartoffelbrei herstellen. Mit Salz, Pfeffer und Muskat abschmecken.

3. Die Kräuter abbrausen, ausschütteln und grob hacken.

4. In der Zwischenzeit das Öl in einer Pfanne erhitzen, die Lammkoteletts von beiden Seiten ca. drei Minuten braten. Die Lammkoteletts aus der Pfanne nehmen und warm stellen. Das Tomatenmark einrühren, die Kräuter mit den Tomatenstücken in die Pfanne geben, aufkochen und mit Zucker, Salz und Pfeffer abschmecken.

5. Die Lammkoteletts mit der Tomatensoße und dem Kartoffel-Knoblauchpüree servieren.

Dieses Gericht schmeckt nur leicht nach Knoblauch. Sollten Sie es würziger mögen, dann pressen Sie zwei frische Knoblauchzehen in den Kartoffelbrei.

Lammkoteletts mit Kartoffel-Knoblauchpüree

Zutaten:

150 g Perlgraupen
500 g Lammfleisch
2 Tomaten
2 Knoblauchzehen
1 Dose Tomatenstücke (400 ml)
2 EL Tomatenmark
1 Bund gemischte Kräuter
Zucker
Salz
Pfeffer

Zubereitung:

1. Die Graupen in leicht gesalzenem Wasser gar kochen und durch ein Sieb abschütten.

2. Die Knoblauchzehen abziehen und fein hacken. Die Kräuter abbrausen, trockenschütteln und grob hacken. Die Tomaten waschen und in Stücke schneiden. Das Lammfleisch in kleine Würfel schneiden.

3. Öl in einem Topf erhitzen und das Fleisch darin ca. fünf Minuten braten. Den Knoblauch zugeben, anschwitzen, das Tomatenmark unterrühren und die Tomatenstücke, die Tomaten aus der Dose und die Kräuter hinzufügen. Das Ganze ca. vier Minuten köcheln und mit Zucker, Salz und Pfeffer abschmecken.

4. Die Graupen auf Tellern verteilen, das Ragout darauf anrichten und servieren.

Anstatt der Graupen können Sie zu diesem Gericht aber auch Bandnudeln, Reis, Zartweizen oder Kartoffeln servieren. Wenn Sie das Lammragout gerne etwas schärfer mögen, dann garen Sie doch eine Chilischote mit.

TOMATEN-LAMMRAGOUT

Zutaten:

200 g Zartweizen
4 Schweineschnitzel
2 EL Mehl
2 EL Öl
1 Zwiebel
1 Bund Frühlingszwiebeln
1 Glas eingelegte Tomatenpaprika
100 ml Fleischbrühe
1 TL Rosenpaprika
Salz
Pfeffer

Zubereitung:

1. Den Zartweizen in 1 l Salzwasser ca. 10 Minuten gar kochen.

2. Die Schweineschnitzel flach klopfen, sie sollten ca. 1/2 cm dick sein, auf beiden Seiten mit Salz und Pfeffer würzen. Die Schnitzel in Mehl wenden.

3. Das Öl in einer Pfanne erhitzen und die Schnitzel bei starker Hitze auf jeder Seite drei Minuten braten. In eine Auflaufform legen und im vorgeheizten Backofen bei 180° C weitere 10 Minuten mit Unterhitze garen.

4. Die Zwiebel abziehen und fein hacken. Die Tomatenpaprika abschütten, abtropfen lassen und in Streifen schneiden. Die Frühlingszwiebeln putzen und in 1 cm lange Stücke schneiden.

5. Die Zwiebel in der Schnitzelpfanne anrösten, die Paprikastreifen und die Frühlingszwiebeln zugeben und mit der Brühe aufgießen. Die Pusztasoße mit Paprikapulver, Salz und Pfeffer abschmecken. Alles auf Tellern anrichten und servieren.

Auf diese Art und Weise können Sie auch schnell ein Jägerschnitzel zubereiten. Nehmen Sie anstatt der Tomatenpaprika verschiedene Pilze, frisch, tiefgefroren oder aus dem Glas.

Schnelles Pusztaschnitzel

Zutaten:

8 Eier
500 g Kartoffeln
1 Dose weiße Bohnen
1 Bund gemischte Kräuter
250 g Crème fraîche
100 ml Jogurt
1 EL mittelscharfer Senf
70 ml Weinessig
Salz
Pfeffer

Zubereitung:

1. Die Kartoffeln schälen, in ca. 1 cm große Würfel schneiden und in Salzwasser ca. acht Minuten gar kochen. Wenn die Kartoffeln gar sind, abschütten.

2. In der Zwischenzeit die Kräuter abbrausen, ausschütteln und grob hacken. Die Bohnen abschütten.

3. Die Crème fraîche in eine Schüssel geben, mit dem Senf, dem Jogurt und der Hälfte der Kräuter vermischen und mit Salz und Pfeffer würzen.

4. Die Kartoffelstücke mit den Bohnen und dem Rest der Kräuter vermischen.

5. Ca. 1,5 l Wasser zum Kochen bringen, den Essig zugeben. Die Eier aufschlagen, einzeln in eine Kelle oder einen Löffel geben und in das leicht sprudelnde Wasser gleiten lassen. Die Eier ca. zwei Minuten in dem köchelnden Wasser pochieren. Wenn das Eiweiß zu stocken beginnt, es mit einem Esslöffel über das Eigelb ziehen und die Eier weitere zwei Minuten garen. Die Eier aus dem Wasser heben und auf Küchenpapier oder einem Sieb abtropfen lassen.

6. Die Kartoffeln und die Bohnen auf Tellern anrichten. Die Crème fraîche darauf verteilen, die Eier zugeben und servieren.

Pochierte Eier schmecken aber auch zu anderen Gerichten, wie zum Beispiel zu Spinat, Kohlrabi usw. Mit pochierten Eiern werden aus Fleischgerichten leckere vegetarische Gerichte.

Pochierte Eier mit Kräutersalat

Zutaten:

1 kg Salzbohnen (Schnippelbohnen)
700 g Kartoffeln
200 g in Scheiben geschnittener, durchwachsener Speck
1 EL Öl
2 EL Mehl
50 ml Wasser
Salz
Pfeffer

Zubereitung:

1. *Die Kartoffeln schälen, in reichlich Salzwasser gar kochen und abschütten.*

2. *Öl in einem Topf erhitzen und die Speckscheiben darin kross anbraten, herausnehmen und beiseite stellen. Die Bohnen abtropfen lassen, in den Topf geben und mit dem Wasser ca. 15 Minuten gar kochen.*

3. *Die Bohnen mit dem Mehl bestäuben, unterrühren, mit Salz und Pfeffer abschmecken. Mit den Kartoffeln und den Speckscheiben zusammen servieren.*

Salzbohnen sind grüne Bohnen, die nach der Ernte schräg zerschnitten („geschnippelt“) und mit Salz schichtweise in einen Steintopf gegeben werden. Dann wird ein Brett, mit einem Stein beschwert, auf die Bohnen gelegt. Nach ca. sechs Wochen sind die Bohnen fertig und können gegessen werden. Salz- oder Schnippelbohnen sind lange haltbar und schmecken besser als Bohnen aus der Dose oder tiefgefrorene.

Salzbohnen mit Speckstreifen

Zutaten:

4 Rindersteaks
2 Zwiebeln
4 EL mittelscharfer Senf
200 g geriebener Käse
1 EL Öl
Salz
Pfeffer

Zubereitung:

1. Den Backofen auf 180° C vorheizen.

2. Die Steaks leicht klopfen und mit Salz und Pfeffer würzen.

3. Die Zwiebeln abziehen und fein hacken, mit dem Senf vermischen. Die Senfmischung jeweils auf eine Seite der Steaks verteilen.

4. Öl in einer Pfanne erhitzen und das Fleisch zuerst auf der Senfseite ca. eine Minute anbraten, wenden und die Steaks auf der anderen Seite ca. drei Minuten braten.

5. Die Steaks mit der Senfseite nach oben in eine feuerfeste Form legen, mit dem Käse bestreuen und ca. fünf Minuten überbacken. Dazu passt ein Salat, wie z. B. Radicchio mit einem Jogurtdressing.

Die oben beschriebene Senfmischung können Sie auch auf Fischfilets oder auf hart gekochte Eier streichen und dann im Backofen ca. fünf Minuten backen. Den Fisch sollten Sie vorher ca. drei Minuten bei mäßiger Hitze braten.

SENFROSTBRATEN

Zutaten:

4 Lachsfilets à 200 g
500 g Blattspinat (Tiefkühlkost)
50 ml Wasser
750 g Kloßteig halb und halb
3 EL Speisestärke
2 Eier
Mehl zum Ausrollen
3 EL Butter
3 EL Olivenöl
Muskat
Salz
Pfeffer

Zubereitung:

1. Den Kloßteig in eine Schüssel geben, mit der Speisestärke und den Eiern vermischen und zu einem geschmeidigen Teig verkneten. Mit Salz, Pfeffer und Muskat würzen.

2. Den Teig auf einer bemehlten Arbeitsfläche ca. 5 mm dick ausrollen und ca. 8 cm große Rechtecke daraus schneiden.

3. Die Butter in einer Pfanne erhitzen und die Kartoffelteigrechtecke darin goldgelb braten.

4. Den Spinat unaufgetaut mit etwas Wasser in einen Topf mit Deckel geben, ca. acht Minuten dünsten. Den Spinat mit Salz, Pfeffer und Muskat abschmecken.

5. Öl in einer Pfanne mäßig erhitzen und den Lachs darin von beiden Seiten je ca. vier Minuten braten. Den Lachs nach dem Braten mit Salz und Pfeffer würzen.

Dazu schmeckt eine Dillsoße aus 20 g Butter, 20 g Mehl, 400 ml Brühe, 1 Bund Dill, 1 Becher Crème fraîche, Salz, Pfeffer. Den Dill abbrausen, die Blätter von den Stielen zupfen und hacken. Die Butter in einem Topf schmelzen, das Mehl darüber stäuben und anschwitzen. Unter Rühren die Brühe zugeben und aufkochen. Den Dill und die Crème fraîche in die Soße einrühren und mit Salz und Pfeffer abschmecken.

Lachsfilets mit Spinat und Kartoffelecken

Zutaten:

500 g Quark
4 Eier
160 g Mehl
1 Prise Salz
2 EL Semmelbrösel
2 EL Butter
2 EL Zucker
400 g Heidelbeeren
(frisch oder tiefgefroren)
Zucker

Zubereitung:

1. Den Quark in eine Schüssel geben. Die Eier trennen, die Eigelbe, das Mehl und das Salz zu dem Quark geben, das Ganze zu einem Teig verrühren. Das Eiweiß zu Schnee schlagen und unterheben.

2. Wasser in einem Topf erhitzen, aus dem Quarkteig Klößchen abstechen und in das Wasser geben. Das Wasser darf nicht mehr kochen, die Klößchen darin ca. 10 Minuten ziehen lassen.

3. In der Zwischenzeit die Butter in einer Pfanne schmelzen, die Semmelbrösel mit dem Zucker darin anrösten.

4. Die Klößchen aus dem Wasser heben und in den Semmelbröseln wälzen.

5. Die Heidelbeeren waschen, in einem Topf erhitzen und mit Zucker abschmecken.

6. Die Heidelbeersoße auf Teller verteilen und die Klößchen darauf setzen.

Anstatt der Heidelbeersoße probieren Sie doch mal dieses Rezept: 4 Äpfel, 1 EL Butter, 50 g brauner Zucker, 80 ml Calvados. Die Äpfel waschen, vierteln, entkernen und in Würfel schneiden. Die Butter in einem kleinen Topf erhitzen und den Zucker darin karamellisieren lassen. Die Apfelstücke dazugeben und mit dem Calvados aufgießen. So lange umrühren, bis sich die Karamellmasse aufgelöst hat.

QUARKKLÖßCHEN

Zutaten:

250 g Zartweizen
2 mittlere Zucchini
1 Aubergine
200 g Tomaten
500 ml Jogurt
1/2 Bund gemischte Kräuter
3 EL Olivenöl
1 EL Butter
Salz
Pfeffer

Zubereitung:

1. Den Zartweizen in 1 l Salzwasser ca. 10 Minuten gar kochen.

2. Die Zucchini und die Aubergine waschen und schräg in 1 cm dicke Scheiben schneiden. Die Kräuter abbrausen, ausschütteln und grob hacken, die Tomaten waschen, entkernen und in kleine Würfel schneiden.

3. Den Jogurt mit der Hälfte der Kräuter vermischen und mit Salz und Pfeffer abschmecken.

4. Das Öl in einer Pfanne erhitzen und die Zucchini- und Auberginenscheiben darin braten, mit Salz und Pfeffer abschmecken.

5. Den Zartweizen mit den Tomaten, den restlichen Kräutern und der Butter vermischen, mit Salz und Pfeffer abschmecken.

6. Den Weizen mit dem Gemüse auf Tellern anrichten, den Jogurt darüber geben und servieren.

Zartweizen ist ein vorgekochter normaler Weizen, der bei uns im Kochbeutel angeboten wird. Er wird 10 bis 15 Minuten in Salzwasser gegart, je nachdem, wie weich Sie ihn haben wollen. Zartweizen eignet sich gut als schmackhafte Beilage, aber auch für Eintöpfe, Salate und Füllungen.

Weizen-Gemüse-Pfanne

Zutaten:

4 Auberginen
1 Bund Basilikum
100 g Pinienkerne
2 Knoblauchzehen
3 EL Olivenöl
50 g geriebener Parmesankäse
2 unbehandelte Zitronen
Salz
Pfeffer

Zubereitung:

1. Die Pinienkerne in einer Pfanne ohne Fett rösten.

2. Das Basilikum abbrausen, ausschütteln und die Blätter von den Stielen zupfen. Die Knoblauchzehen abziehen. Die Schale von den Zitronen abreiben, die Zitronen halbieren und auspressen. Basilikum, Pinienkerne, Knoblauch, Parmesankäse, Olivenöl, Zitronenschale und -saft in einer Küchenmaschine zu einer Paste pürieren. Das Pesto mit Salz und Pfeffer abschmecken.

3. Die Auberginen waschen, abtrocknen und längs in Scheiben schneiden. Die Auberginenscheiben in einer Grillpfanne ohne Fett auf jeder Seite drei Minuten braten.

4. Die Auberginenscheiben aus der Pfanne nehmen, auf Tellern verteilen und mit dem Zitronenpesto servieren.

Anstatt der Auberginen können Sie für dieses Gericht auch Zucchini oder Schmorgurken verwenden. In diesem Fall nehmen Sie 1–2 EL Olivenöl zum Braten.

AUBERGINEN MIT ZITRONENPESTO

Zutaten:

1 Blumenkohl
2 Scheiben Putenschinken
3 EL Butter
40 g Mehl
1 1/4 l Kochsud vom Blumenkohl
1 Prise gemahlener Koriander
2 EL Zitronensaft
200 ml süße Sahne
Worcestersoße
Salz
Pfeffer
Muskat

Zubereitung:

1. Den Putenschinken in Streifen schneiden. Den Blumenkohl putzen, in einzelne Röschen zerteilen und in reichlich Salzwasser ca. 20 Minuten weich kochen. Die Blumenkohlröschen durch ein Sieb abschütten und den Sud in einer Schüssel auffangen. Vom Blumenkohlsud 1 1/4 l abmessen. Einige Röschen für die Dekoration beiseite stellen.

2. In einem Suppentopf die Butter schmelzen, das Mehl zugeben und unter ständigem Rühren hell anschwitzen. Mit dem Blumenkohlsud ablöschen, die Suppe kurz aufkochen lassen, die Temperatur stark reduzieren und die Blumenkohlröschen hinzugeben. Mit dem Stabmixer pürieren.

3. Die Suppe mit Salz, Pfeffer, Muskat, Koriander, Worcestersoße und Zitronensaft würzen und abschmecken. Die Sahne mit einem Schneebesen in die Suppe einrühren.

4. Die Suppe auf Teller oder Tassen verteilen, mit den Putenschinkenstreifen und den restlichen Blumenkohlröschen garnieren und servieren.

Gemüsecremesuppen können Sie nach dem gleichen Rezept auch aus Brokkoli, Zucchini, Lauch oder Kohlrabi herstellen. Gerade wenn Sie diese Suppen aus frischem Gemüse herstellen, sind das die reinsten Vitaminbomben.

Blumenkohl-Cremesuppe

Zutaten:

500 g Schweineschnitzel
2 Schalotten
2 rote Zwiebeln
1 italienisches Weißbrot (Ciabatta)
1 Zweig Rosmarin
5 Stängel Thymian
2 Stängel Salbei
2 Knoblauchzehen
1 unbehandelte Zitrone
5 EL Olivenöl
Salz
Pfeffer

Zubereitung:

1. Das Schweinefleisch in Würfel schneiden. Das Weißbrot in mundgerechte Stücke zerteilen, die Kräuter abbrausen, trockenschütteln und hacken. Die Zitrone in Scheiben schneiden. Den Knoblauch, die Zwiebeln und die Schalotten abziehen, den Knoblauch fein hacken und die Zwiebeln grob zerteilen.

2. 2 EL Öl in einer großen Pfanne erhitzen, das Fleisch darin braten, bis es braun ist. Den Knoblauch, die Kräuter, die Zitronenscheiben und die Zwiebeln zugeben und ca. drei Minuten mitbraten. Mit Salz und Pfeffer würzen, aus der Pfanne nehmen und warm stellen.

3. Das restliche Öl in die Pfanne geben und das Brot darin goldbraun anrösten. Das Fleisch und die anderen Zutaten zurück in die Pfanne legen, nochmals kurz erhitzen und servieren.

Durch die Zitronenscheiben bekommt das Gericht einen sehr interessanten und fruchtigen Geschmack. Wenn Sie es noch etwas südländischer wollen, geben Sie noch einige schwarze Oliven dazu und servieren das Ganze mit einem trockenen italienischen Weißwein.

Italienischer Hirtentopf

Zutaten:

4 Hähnchenkeulen
125 g Frischkäse
1/2 Bund gemischte Kräuter
2 Knoblauchzehen
1 EL Butter
Salz
Pfeffer

Zubereitung:

1. Die Haut vom Fleisch der Hähnchenkeulen lösen, sodass eine Tasche entsteht.

2. Die Knoblauchzehen abziehen und zerdrücken. Den Frischkäse in eine Schüssel geben, mit den gewaschenen, ausgeschüttelten und fein geschnittenen Kräutern und dem geschälten, klein gehackten Knoblauch vermischen und mit Salz und Pfeffer würzen.

3. Die Taschen der Hähnchenkeulen mit der Käsemischung füllen. Die Haut glatt streichen und die Füllung dabei andrücken.

4. Die Butter in einem Topf zerlassen und eine Auflaufform damit einfetten. Die Hähnchenkeulen nebeneinander in die Auflaufform setzen und mit der restlichen Butter bestreichen. Mit Salz und Pfeffer würzen.

5. Die Hähnchenkeulen im vorgeheizten Ofen bei 220° C ca. 20 Minuten backen.

Dieses Gericht können Sie aber auch mit Hähnchenfilets zubereiten. Die Hähnchenfilets platt klopfen, die Fülle darauf verteilen und alles zusammenrollen, mit Küchengarn sichern. (Weiter mit Punkt 4.)

Gefüllte Hähnchenkeulen

Zutaten:

500 g Schweineleber
1 Zwiebel
1 EL Bratfett
1 Becher saure Sahne
1 EL Curry
3 Fenchelknollen
2 EL Olivenöl
2 EL Mehl
100 ml Wasser
1 EL Zucker
Salz
Pfeffer

Zubereitung:

1. Die Leber in Streifen schneiden, die Zwiebel pellen und fein hacken. Die Fenchelknollen putzen und achteln.

2. Die Leberstreifen in Mehl wälzen. Das Bratfett in einer Pfanne erhitzen und die Leber darin braten. Die Zwiebel hinzufügen und kurz mitbraten. Mit der Sahne aufgießen und den Curry unterrühren, mit Salz und Pfeffer abschmecken.

3. Das Olivenöl in einem Topf erhitzen, den Zucker darin karamellisieren lassen, den Fenchel hineingeben und anbraten, mit dem Wasser aufgießen und ca. fünf Minuten dünsten. Das Fenchelgemüse mit Salz und Pfeffer abschmecken.

4. Den Fenchel mit der Curryleber auf Tellern anrichten und servieren.

Für eine gesunde Ernährung ist es wichtig, dass Sie einmal im Monat Leber essen. Leber ist die beste Quelle für Vitamin A. Vitamin A ist wichtig für die normale Zellteilung und das Wachstum sowie für gutes Sehen und ein funktionierendes Immunsystem.

Leber in Currysoße mit Fenchel

Zutaten:

500 g Mehl
6 Eier
150 ml Wasser
100 g geriebener Käse
500 g Zwiebeln
3 EL Öl
75 g Butter

Zubereitung:

1. Das Mehl und die Eier mit 150 ml Wasser in eine Schüssel geben und mit einem Kochlöffel den Teig so lange schlagen, bis er Blasen wirft. Den Teig ca. 10 Minuten ruhen lassen.

2. Inzwischen die Zwiebeln abziehen und in Würfel schneiden. Das Öl in einem Topf erhitzen und die Zwiebelwürfel darin rösten, bis sie goldbraun sind.

3. Reichlich Salzwasser zum Kochen bringen und den Teig portionsweise durch eine Spätzlepresse in das kochende Wasser drücken. Kurz aufkochen lassen und mit einer Schaumkelle in kaltem Wasser abschrecken. Aus dem Wasser nehmen und abtropfen lassen.

4. Die Spätzle abwechselnd mit Butter und Käse in einen Topf geben und langsam erhitzen. Wenn der Käse geschmolzen ist, die Spätzle sofort auf Tellern verteilen, die Zwiebeln darüber streuen und servieren.

Selbst gemachte Spätzle sind leicht herzustellen und schmecken immer noch am besten! Sie passen zu vielen Gerichten, aber auch nur mit etwas Soße sind sie einfach köstlich.

Zutaten:

700 g Kartoffeln
4 Hähnchenfilets
2 Kugeln Mozzarella
1 Dose Tomatenstücke
4 Tomaten
2 EL Olivenöl
1 Bund Basilikum
2 Knoblauchzehen
1 Zwiebel
Salz
Pfeffer
Cayennepfeffer

Zubereitung:

1. Die Kartoffeln waschen und in reichlich Wasser ca. 20 Minuten gar kochen. Dann abpellen, in Scheiben schneiden und zu den Hähnchenfilets servieren.

2. Während die Kartoffeln kochen, die Zwiebel und den Knoblauch abziehen und fein hacken. Den Mozzarella in Scheiben schneiden. Die Tomaten waschen und in 1 cm große Würfel schneiden. Das Basilikum abbrausen, ausschütteln, die Blätter von den Stielen zupfen und die Blätter mit einem scharfen Messer in feine Streifen schneiden.

3. Die Hähnchenfilets abbrausen, mit einem Küchentuch trockentupfen und mit Salz und Pfeffer würzen. Das Olivenöl in einer Pfanne erhitzen und die Hähnchenfilets von beiden Seiten jeweils fünf Minuten braten. Die Hähnchenfilets aus der Pfanne nehmen und beiseite stellen.

4. Den Knoblauch und die Zwiebel in der Pfanne anbraten. Die Tomatenstücke aus der Dose, die frischen Tomaten und das Basilikum zugeben, alles ca. fünf Minuten dünsten, mit Salz und Cayennepfeffer abschmecken.

5. Die gebratenen Hähnchenfilets in die Soße legen. Den Mozzarella auf den Hähnchenfilets verteilen und die Pfanne mit einem Deckel verschließen, ca. fünf Minuten dünsten, bis der Mozzarella geschmolzen ist.

HÄHNCHENFILETS IN PIKANTER SOßE

Zutaten:

2 Packungen TK-Blätterteig (à 250 g)
1 Ei zum Bestreichen

Zubereitung:

Den Blätterteig ausrollen und mit einem Messer in ca. 15 cm große Quadrate schneiden. Die Teigränder mit Wasser bestreichen, jeweils 1 EL Fülle auf die Quadrate setzen, diagonal zusammenklappen, die Ränder festdrücken und den Teig mit dem verquirlten Ei bestreichen. Im vorgeheizten Backofen bei 180° C ca. 15 Minuten backen.

Gemüsefüllung:
300 g TK-Mischgemüse mit 50 ml Wasser in einen Topf geben und bei geringer Hitze ca. fünf Minuten garen. 1/2 Bund Dill waschen, trockenschütteln und fein hacken. Das Gemüse mit 200 g Frischkäse und dem Dill vermischen, mit Salz und Pfeffer würzen.

Wurst-Käse-Füllung:
4 Paar Debrecziner-Würste in feine Würfel schneiden und mit 200 g geriebenem Edamer vermischen.

Quarkfüllung:
300 g Früchte aus der Dose abschütten und gut abtropfen lassen, danach in kleine Würfel schneiden. 200 g Quark in eine Schüssel geben, mit 2 EL Zucker und 1 Päckchen Vanillezucker verrühren und die klein geschnittenen Früchte unterheben.

Register

A
Auberginen mit Zitronenpesto 68

B
Blätterteigtaschen 82
Blätterteigtaschen mit Gemüsefüllung 82
Blätterteigtaschen mit Quarkfüllung 82
Blätterteigtaschen mit Wurstfüllung 82
Blumenkohl-Cremesuppe 70
Bratwurst auf Rosenkohl 12

C
Cornflakesschmarren mit frischen Früchten 26

F
Fruchtiges Karottengemüse 18

G
Gefüllte Hähnchenkeulen 74
Gemüsesuppe 46
Gorgonzola-Birnen 38

H
Hähnchenfilets in pikanter Soße 80
Hotdog mit Mais 22
Hotdog mit roten Bohnen 22
Hotdog mit Sauerkraut 22
Hotdogs 22

I
Italienischer Hirtentopf 72

K
Kartoffelecken mit Kompott 14
Kässpätzle 78
Knackiger Salat mit Brot und Ziegenkäse 30

L
Lachsfilets mit Spinat und Kartoffelecken 62
Lammkoteletts mit Kartoffel-Knoblauchpüree 50
Leber in Currysoße mit Fenchel 76

M
Minutensteaks auf Kohlrabigemüse 16

P
Pilzragout 40
Pochierte Eier mit Kräutersalat 56

Q
Quarkklößchen 64

S
Salat auf geschmortem Radicchio 36
Schneller Bohneneintopf 32
Schnelles Pusztaschnitzel 54
Salzbohnen mit Speckstreifen 58
Senfrostbraten 60

T
Tomaten-Lammragout 52
Tunfisch-Schwarzwurzelragout 42

Ü
Überbackene Seelachsfilets auf Mischgemüse 20
Überbackener Fischtoast 34

W
Weizen-Gemüse-Pfanne 66
Wraps mit verschiedenen Füllungen 44
Wurstgulasch 24

Z
Zucchiniburger 48
Zwiebelsuppe 28

Impressum

Genehmigte Lizenzausgabe
EDITION XXL GmbH
Fränkisch-Crumbach 2004
www.edition-xxl.de

Fotos: Food in Wort und Bild, Sigmarszell
Küche: Corinna Brunner
Food-Assistentin: Caterina Marx
Layout: Mathias Weil
Satz: Melitta Meisner
Titelillustration: Herbert Pohlner
ISBN 3-89736-135-3